Gesa Füßle

WEIHNACHTS WICHTEL auf Abwegen

Eine knifflige Adventsgeschichte mit Seiten zum Aufschneiden

arsEdition

Einleitung

Manche würden sagen, das Leben der Weihnachtswichtel ist sehr eintönig. Das ganze Jahr über sind sie mit Weihnachten beschäftigt. Die stressigste Zeit ist natürlich direkt vor Weihnachten, wenn alle Geschenke verpackt und mit den Wunschlisten der Kinder abgeglichen werden müssen. Doch auch das restliche Jahr über gibt es viel zu tun. Neue Plätzchenrezepte werden ausprobiert und über das Ergebnis abgestimmt. Die Trends im Geschenkpapiermarkt werden genauestens verfolgt. Die besonders kreativen Wichtel entwerfen neue Geschenkpapiermuster, eine andere Gruppe druckt das Papier. Natürlich wird sich auch um die Rentiere gekümmert, die fit bleiben müssen für ihren großen Einsatz zum Weihnachtsfest.

Damit der Weihnachtsmann erfährt, was die Kinder sich wünschen, ist er auf die Mithilfe der Wichtel angewiesen. Sie schleichen sich in die Häuser und stibitzen Wunschlisten oder lauschen, wenn die Kinder von ihren Wünschen erzählen. Anschließend wird alles systematisch in das große Wunschbuch eingetragen – eine sehr mühsame Arbeit.

Und was macht der Weihnachtsmann? Auch er ist das Jahr über nicht untätig. Er hält Konferenzen mit Schornsteinfeger*innen, um informiert zu sein, wenn ein Kamin nicht mehr zum Geschenkabladen zur Verfügung steht – dann muss er einen anderen Eingang finden.
Er geht zu Elternabenden, um sein Erscheinen mit der Planung der Familien abzustimmen.

So kannst du den Wichteln helfen

Jeden Tag im Advent darfst du die nächste Seite aufschneiden und die Geschichte verfolgen. Dazu wartet immer ein kniffliges Rätsel auf dich. Löse es und hilf so den Wichteln, dem Weihnachtschaos zu entkommen! Denn ohne sie gibt es kein Weihnachten – weder bei uns, noch in Island! Wenn eine Frage doch einmal ein wenig zu schwer ist, findest du die Lösung auf der Rückseite des entsprechenden Rätsels.

Und nun, auf ins Abenteuer! Öffne die erste Seite ...

Die umstehenden Wichtel starren Marie an, die sich durch den Bart streicht. Monty fällt ein Stück Plätzchen aus dem Mund. „Die Isländer haben uns zu sich eingeladen, schon vergessen?"

Ja, da war was. Letztes Jahr waren in der Vorweihnachtszeit die Wichtelcousins aus Island da. Auch sie hatten noch nie vorher Urlaub gemacht und haben bei ihren Entdeckungstouren manches aus dem Gleichgewicht gebracht. Aber insgesamt war ihr Besuch doch ein voller Erfolg – nur der Weihnachtsmann machte einen sehr erleichterten Eindruck, als der Besuch wieder weg war. Doch Marie hat recht: Die isländischen Cousins haben ihre Verwandten nach Island eingeladen.

„Wir dürfen unsere Pflichten nicht vernachlässigen", bemerkt Henri. „Alles eine Frage der Planung", sagt Alma und zieht ein Notizbuch hervor.

Und natürlich ist er ganz vorn mit dabei, wenn es um das Testen der Plätzchen geht. So ist es nicht verwunderlich, dass er einmal im Jahr Urlaub macht. Meistens fährt er nach Spanien und lässt sich die Sonne auf den Bauch scheinen. Auch dieses Jahr ist er wieder in den Süden aufgebrochen, und die Wichtel sind allein zu Hause.

„Wieso“, fragt Wichtel Marie, die gerade probeweise Tannenbäume auf das noch weiße Geschenkpapier malt, „wieso fährt eigentlich der Weihnachtsmann weg, und wir bleiben zu Hause?“

MÖCHTE HIER JEMAND VERREISEN?

1

„Erst mal sehen, wer überhaupt Zeit hat. Solange der Weihnachtsmann nicht da ist, müssen wir hierbleiben. Und anschließend ist schon der Countdown zum Weihnachtsfest, das wird ganz schön eng. Aber“, Alma greift nach einem Stift, „nicht unmöglich. Wer Rentierdienst hat, kann nicht weg. Diejenigen, die besonders hübsch einpacken können, müssen leider auch hierbleiben.“

„Oder ihren Anteil vorher fertigbekommen!“, ruft Hannes.

Alle lachen. Hannes ist nicht dafür bekannt, Dinge auch nur eine Sekunde früher fertig zu haben als nötig. Aber eigentlich hat er recht: Wer seinen Anteil eingepackt hat, kann gehen. „Ich mache heute einfach eine Nachtschicht, vielleicht leistet Amani mir ja Gesellschaft. Dann können wir mit.“

„Die Designwichtel hätten eine Pause verdient“, findet Jakob. Die anderen stimmen ihm zu. Die Suche nach aktuellen Trends läuft das ganze Jahr über, und die Geschenkpapiere werden demnächst gedruckt, dann springen die Designwichtel bei anderen Aufgaben ein. Auch die aktuellen Plätzchenrezepte stehen inzwischen fest.

„Mir ist das zu stressig“, sagt Lasse. „Außerdem muss ich noch ganz viele Kinder belauschen, da kann ich nicht weg. Die Wunschbuchwichtel müssen auch hierbleiben.“
„Ich will gar nicht verreisen“, sagen Henri und Mathis wie aus einem Mund.

Alma wedelt mit ihrem Notizbuch. „Ich schreibe jetzt mal eine Liste mit allen, die überhaupt Lust haben, wegzufahren. Also ich möchte auf jeden Fall mit.“

Sieh genau hin! Wer möchte mit nach Island?

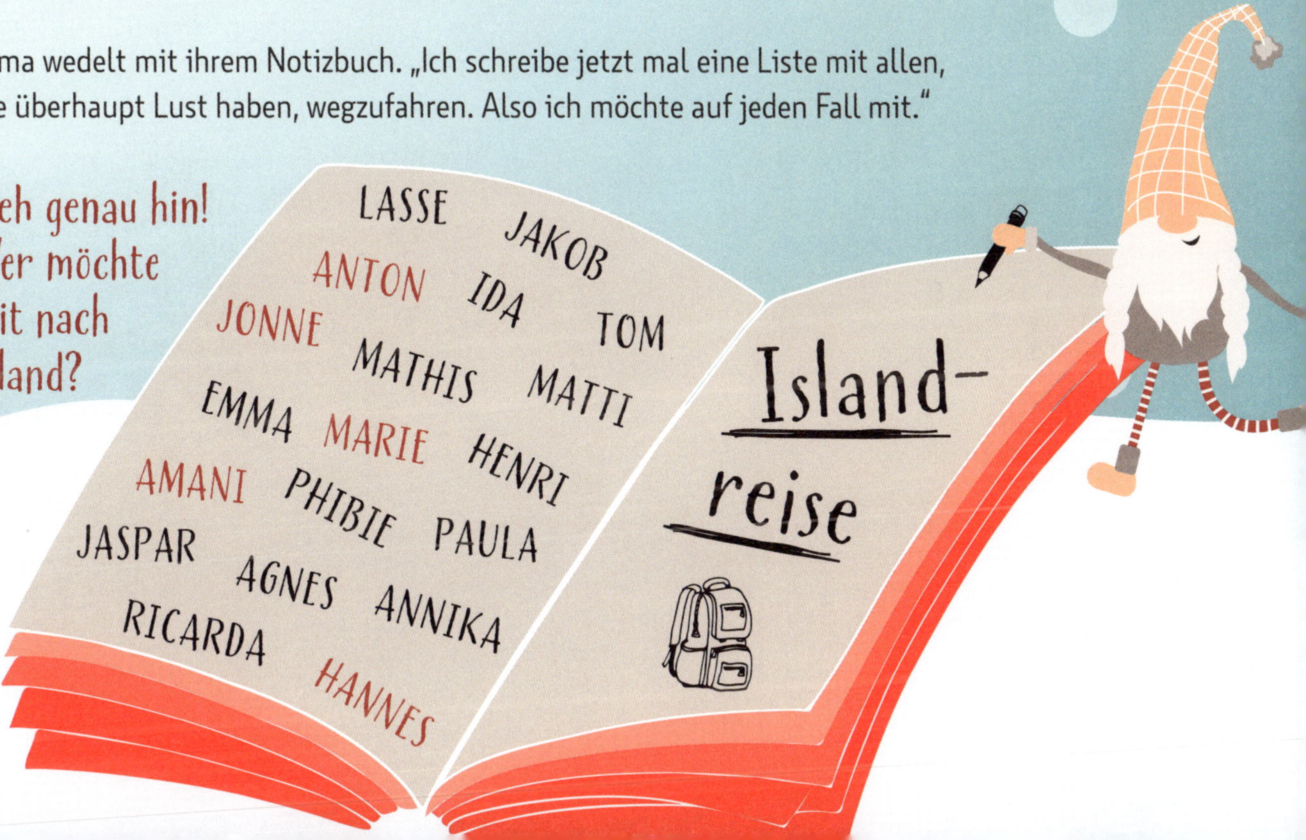

Lösung:
Marie, Jonne, Amani,
Anton und Hannes fahren mit. Alma
hat bereits gesagt, dass sie
mitkommen möchte. Lasse, Mathis und Henri
möchten nicht mit - ihre Namen sind schwarz.
Die roten Namen gehören also den
Wichteln, die mit möchten.

WO IST EIGENTLICH FINE?

2

Somit steht es fest: Marie, Jonne, Amani, Alma, Anton und Hannes fahren nach Island. Vorausgesetzt natürlich, der Weihnachtsmann hat nichts dagegen und ihre Aufgaben sind wirklich rechtzeitig erledigt.

„Wisst ihr, was komisch ist?", fragt Paula. „Ich hätte gedacht, dass Fine auf jeden Fall mit nach Island will. Aber sie steht nicht auf der Liste."
Die Wichtel sehen sich verdutzt an. Tatsächlich ist Fine normalerweise bei jedem Abenteuer ganz vorne mit dabei – doch wo ist sie überhaupt?

„Sie testet doch mit euch die Plätzchenrezepte, habt ihr sie denn nicht gesehen?", fragt Ricarda.
„Nein, sie hat getauscht, sie macht dieses Jahr Einpackdienst. Hier ist der Brief, den sie bei uns hinterlassen hat." Annika zeigt einen kleinen Zettel mit Fines Handschrift.
„Bei uns war sie aber nicht, sie hat geschrieben, dass sie stattdessen Rentierdienst macht."
Beim Rentierdienst hingegen liegt ein Zettel von Fine, dass sie Geschenkpapier entwirft. Und dort hat sie mitgeteilt, dass sie beim Wunschbuch aushilft. Im Wunschbuch findet sich ihre Mitteilung, dass sie lieber Kinder belauschen geht. Beim Treffpunkt der Kinderbelauschwichtel hängt eine Notiz von Fine: „Bin dieses Jahr beim Plätzchentest."
„Seht mal, auf der Rückseite steht auch was!", ruft Henri, doch Monty hat die Nachricht bereits zerrissen.

Setze die letzte Nachricht von Fine zusammen und erfahre, wohin sie verschwunden ist!

Lösung: Ihr kommt ohne mich
klar, bin in Neuseeland, da wollte
ich schon immer mal hin.

JETZT IST AUCH NOCH DER
WEIHNACHTSMANN VERSCHOLLEN!
3

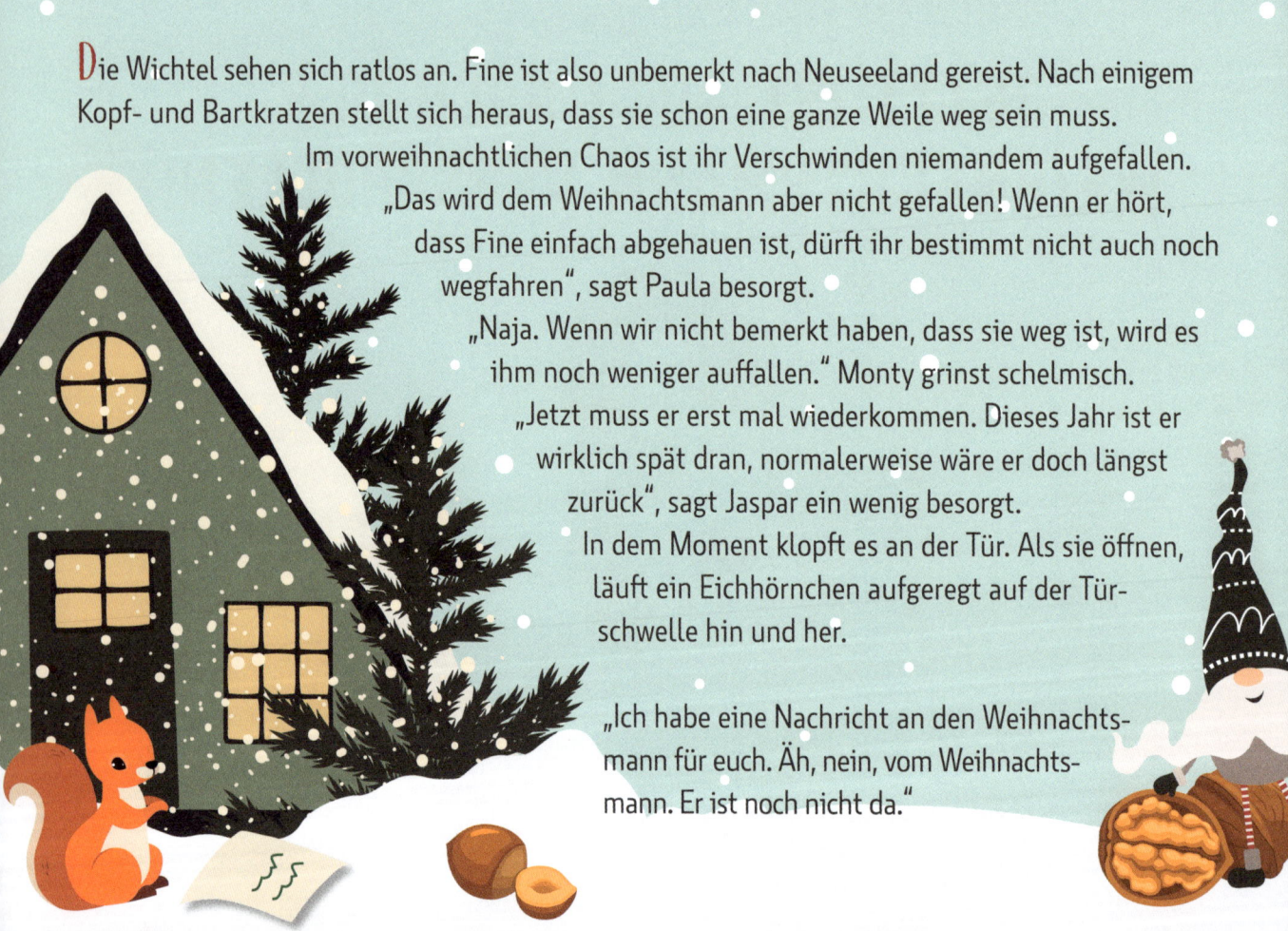

Die Wichtel sehen sich ratlos an. Fine ist also unbemerkt nach Neuseeland gereist. Nach einigem Kopf- und Bartkratzen stellt sich heraus, dass sie schon eine ganze Weile weg sein muss. Im vorweihnachtlichen Chaos ist ihr Verschwinden niemandem aufgefallen.

„Das wird dem Weihnachtsmann aber nicht gefallen! Wenn er hört, dass Fine einfach abgehauen ist, dürft ihr bestimmt nicht auch noch wegfahren“, sagt Paula besorgt.

„Naja. Wenn wir nicht bemerkt haben, dass sie weg ist, wird es ihm noch weniger auffallen.“ Monty grinst schelmisch.

„Jetzt muss er erst mal wiederkommen. Dieses Jahr ist er wirklich spät dran, normalerweise wäre er doch längst zurück“, sagt Jaspar ein wenig besorgt.

In dem Moment klopft es an der Tür. Als sie öffnen, läuft ein Eichhörnchen aufgeregt auf der Türschwelle hin und her.

„Ich habe eine Nachricht an den Weihnachtsmann für euch. Äh, nein, vom Weihnachtsmann. Er ist noch nicht da.“

Weihnachtsmann kommt bald!

„Ja, das wissen wir“, sagt Annika ein wenig genervt.
„Ach so! Ach so. Er kommt aber noch. Ich soll euch was ausrichten. Er ist noch nicht da … wartet … ich habe mir das irgendwo aufgeschrieben. Ah, hier. ‚Weihnachtsmann kommt bald.‘“
Zufrieden blickt das Eichhörnchen in die fragenden Gesichter der Wichtel.
„Und wann kommt er?“, fragt Michel sehr, sehr langsam.
„Morgen, hab ich doch gesagt. Sein Zug hat Verspätung. Habt ihr Nüsse da?“
Das Eichhörnchen versucht, einen Blick in die Küche zu erhaschen.
„Klar haben wir das. Du bekommst doppelt so viele Haselnüsse wie Walnüsse und so viele Mandeln wie beide zusammen, aber nicht mehr als 14 Mandeln.“
Während Johannes kichernd in die Küche geht, rennt das Eichhörnchen rechnend im Kreis.

Wie viele Walnüsse, wie viele Haselnüsse und wie viele Mandeln bekommt es höchstens?

Lösung: Du kannst es ganz leicht ausprobieren. 1 Walnuss + 2 Haselnüsse = 3 Mandeln, das ist zu wenig. 5 Walnüsse + 10 Haselnüsse = 15 Mandeln, das ist zu viel.
Also sind es 4 Walnüsse, 8 Haselnüsse und 12 Mandeln.

„HMPF“, SAGT DER WEIHNACHTSMANN

4

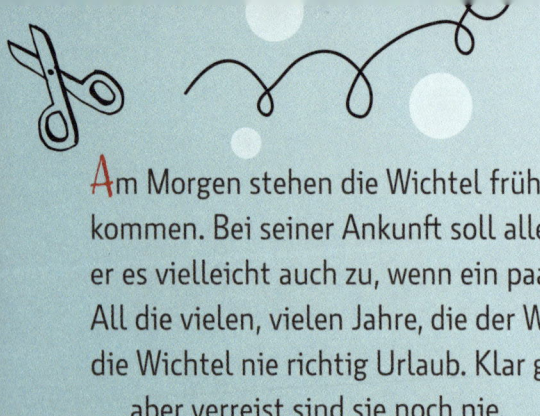

Am Morgen stehen die Wichtel früh auf, denn heute wird der Weihnachtsmann nach Hause kommen. Bei seiner Ankunft soll alles perfekt sein, damit er guter Stimmung ist. Dann lässt er es vielleicht auch zu, wenn ein paar seiner Helferlein für ein paar Tage nach Island reisen. All die vielen, vielen Jahre, die der Weihnachtsmann nun schon Geschenke verteilt, hatten die Wichtel nie richtig Urlaub. Klar gab es mal weniger zu tun und sie konnten faulpelzen, aber verreist sind sie noch nie.

Nun laufen sie eifrig herum, putzen, räumen auf und stapeln die eingepackten Geschenke fein säuberlich aufeinander, damit man auf den ersten Blick erkennen kann, wie viel sie schon geschafft haben.

„Da ist er!“, ruft Matti, der am Fenster Wache gehalten hat. „Alle auf ihre Plätze!“
Als der Weihnachtsmann kurz darauf durch die Haustür tritt, sind alle Wichtel an ihren Arbeitsstationen.

„Weihnachtsmann! Willkommen zurück!", sagt Emma. „Hattest du einen schönen Urlaub?"
„Hmpf", antwortet der Weihnachtsmann und runzelt die Augenbrauen.
„Möchtest du einen schönen heißen Tee?", ruft Jakob aus der Küche.
„Hmpf", antwortet der Weihnachtsmann. Seine schlechte Laune ist nicht zu übersehen. Was ist nur passiert?
„Guck mal, wie weit wir schon mit den Vorbereitungen gekommen sind!", sagt Agnes betont fröhlich.
„Hmpf. Gut. Bett", antwortet der Weihnachtsmann, geht in sein Schlafzimmer und schlägt die Tür hinter sich zu.
Die Wichtel stehen ratlos da.
„Kommt, wir arbeiten die Nacht durch, dann hat er morgen sicher bessere Laune!"

Wenn 10 Wichtel von 9 Uhr abends bis 6 Uhr morgens arbeiten, wie viele Arbeitsminuten ergibt das insgesamt?

Lösung:
Von 9 Uhr bis 6 Uhr sind es 9 Stunden, d. h. 9 x 60 Min = 540 Minuten. Wenn 10 Wichtel jeweils 540 Minuten arbeiten, sind das 5400 Minuten (Rechnung: 10 x 540 = 5400).

URLAUB FÜR ALLE!

5

Wenn man die Nacht über wach bleibt, ist man am nächsten Morgen meistens nicht besonders gut drauf. So geht es auch den Wichteln. Mürrisch schlürfen sie ihren Kaffee, als der Weihnachtsmann aus seinem Zimmer tritt.
„Morgn", murmelt der Weihnachtsmann.
„Morgn", murmeln die Wichtel zurück.
Erschrocken blickt der Weihnachtsmann auf. So hat er seine quirligen Wichtel ja noch nie gesehen!

„Was ist denn mit euch los?", fragt er besorgt.
„Das könnten wir dich auch fragen", sagt Marie. „Du kommst nach Hause und verschwindest in dein Zimmer. Warum?"
„Die Reise war anstrengend, ich musste mitten im Nichts auf einer Bank im Bahnhof übernachten, und dann hatte ich im Zug keinen Sitzplatz. Die ganze Erholung vom Urlaub ist auf der Rückreise verschwunden. Deshalb habe ich schlechte Laune, das ist ja wohl kein Wunder."
„Ach, interessant. Du warst also nicht unseretwegen schlecht gelaunt?", fragt Jaspar.
„Nein, hier läuft doch alles. Ihr macht eure Arbeit immer gut."
„Aha. Und du hast dich in Spanien also gut erholt, während wir gearbeitet haben?", bohrt er weiter nach.
„Ja, schon, aber dann kam ja der Rückweg und ..."
Doch Jonne fällt ihm ins Wort.

„Und wir haben hier richtig gut gearbeitet, sagst du?“
„Ja, ich … Ohne euch könnte ich doch gar nicht weg.“
Den Weihnachtsmann überfällt ein ungutes Gefühl.
„Und hast du mal darüber nachgedacht, dass wir Wichtel uns auch gern erholen würden?“, ruft ein Wichtel von hinten. Alle Wichtel stehen um den Weihnachtsmann herum und funkeln ihn böse an. „Nein, ich … ich meine, ihr seid doch Wichtel! Eure Aufgabe ist es doch, dem Weihnachtsmann zu helfen!“
„Wir möchten auch mal was erleben! Wir wollen Urlaub!“, ruft Jonne.
„Wir wollen Urlaub!“, rufen jetzt auch die anderen Wichtel.
„Aber das geht doch nicht“, sagt der Weihnachtsmann leise und kratzt sich am Kopf.

U	F	R	E	I	Z	E	I	T
R	A	E	D	S	X	E	S	R
L	S	P	A	S	S	K	T	N
A	M	T	L	I	H	R	R	E
U	R	E	E	T	A	S	A	U
B	E	R	H	O	L	U	N	G
F	E	R	I	E	N	N	D	B
W	E	G	F	A	H	R	E	N

Welche acht Reise-Begriffe sind hier versteckt?

U	F	R	E	I	Z	E	I	T
R	A	E	D	S	X	E	S	R
L	S	P	A	S	S	K	T	N
A	M	T	L	I	H	R	R	E
U	R	E	E	T	A	S	A	U
B	E	R	H	O	L	U	N	G
F	E	R	I	E	N	N	D	B
W	E	G	F	A	H	R	E	N

Lösung:
Urlaub, Erholung,
Strand, Reise,
Spaß, Ferien,
Freizeit, wegfahren

NIKOLAUSTAG

6

Noch lange haben die Wichtel und der Weihnachtsmann gestern am großen Esstisch gesessen und diskutiert, bis sie alle zu müde waren. Am Morgen werden sie von einem Jubelschrei wach. Amani hält ihren Schuh in der Hand und hüpft von einem Bein aufs andere.
„Der Nikolaus war bei uns! Guckt mal! Wir haben alle was bekommen!“
Im Nu sind alle Wichtel aufgesprungen und stürzen sich auf ihre Schuhe. Tatsächlich! Mandarinen, Nüsse und Schokolade stecken in den Schuhen. Und je ein kleiner Zettel.
„Danke für deine tollen Geschenkpapierentwürfe“ steht auf dem einen, „Danke für deine gute Organisation“ auf einem anderen. Bei jedem Wichtel steht etwas drauf, was er oder sie besonders gut kann.
„Wir müssen den Nikolaus anrufen und uns bedanken“, sagt Lasse. Doch da öffnet der Weihnachtsmann seine Zimmertür.
„Lasst Niko noch schlafen, er hat für euch eine Extraschicht eingelegt“, sagt der Weihnachtsmann. „Die Zettel sind aber von mir. Ich finde, ihr habt das wirklich verdient. Was täte ich nur ohne euch …“
„Mehr arbeiten“, stellt Alma sachlich fest.
„Ja, ihr habt vollkommen recht. Deshalb bin ich damit einverstanden, dass ihr auch mal Urlaub macht. Jetzt fahren ein paar von euch nach Island, und in den kommenden Monaten können auch die anderen in kleinen Gruppen in die Ferien gehen. Was haltet ihr davon?“
„Hurra!“, rufen die Wichtel und werfen ihre Mützen in die Luft.

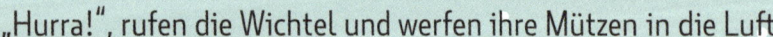

Mützenrätsel – Welche Mütze gehört zu welchem Wichtel?

Lösung:
Die Mütze passt immer zu den Handschuhen und Schuhen der Wichtel.

PACKEN FÜR DIE GROSSE FAHRT

7

„Wir müssen noch packen! Ich habe so eine trockene Haut, ich muss unbedingt meine Feuchtigkeitscreme mitnehmen. Und was zu lesen für die Fahrt“, sagt Alma und zückt wieder ihren Notizblock.

„Wir müssen nichts mitnehmen, die Isländer sind auch ohne Gepäck gekommen“, wirft Anton ein.

„Sehe ich auch so“, stimmt Hannes zu.

Alma zuckt mit den Schultern. Eigentlich ist ihr ohnehin egal, ob die anderen irgendwas mitnehmen oder nicht.

„Wie kommen wir denn nach Island? Herr Wal war nach der Tour mit unseren Cousins ja nicht gerade scharf darauf, das noch einmal zu machen.“

„Das war ja nur, weil Bjugi bei der Überfahrt so übel war.“

„Ich finde, wir fliegen. Ich sage Herrn Adler Bescheid, der macht das bestimmt“, sagt Anton.

Die anderen stimmen zu, und schon bald überbringt ein Spatz die Nachricht, dass Herr Adler morgen Vormittag kommen und sie mitnehmen wird.

Nun werden die reisewilligen Wichtel doch ein bisschen nervös. Vielleicht sollte man doch noch ein paar Plätzchen mitnehmen? Eine Thermoskanne mit Kaffee?
„Wir brauchen ein Gastgeschenk!“, ruft Jonne.
Die anderen fünf halten inne. „Ja, das wäre schon netter“, findet Marie. Aber Amani, Alma, Anton und Hannes schütteln die Köpfe. „Die freuen sich doch, wenn wir kommen, wozu sollen wir dann noch was mitbringen?“, fragt Amani.
„Sie bekommen die restlichen Plätzchen, das reicht doch“, sagt Anton.
Alle anderen brechen in brüllendes Gelächter aus.
„Als ob da Plätzchen übrig bleiben“, japst Jonne.

Wie kommen die Wichtel nach Island?
Streiche die Gegenstände weg, die sie einpacken sollten.
Die Anfangsbuchstaben der restlichen Gegenstände ergeben das Lösungswort.

Lösung: Flagge, Leiter, Iglu, Eimer, Gitarre, Eiscreme, Nagel
FLIEGEN – Sie werden fliegen.

EINPACKMARATHON

8

Am nächsten Morgen scheint alles so zu sein wie immer – nur ein paar Wichtel laufen wie aufgescheuchte Hühner herum. Marie hilft noch bei den Rentieren – eins der Rentiere hat sich anscheinend den Magen verdorben und sieht etwas elend aus. Alle sind ein wenig besorgt, aber es ist ja noch genug Zeit bis Weihnachten, um sich auszukurieren. Allerdings kann es so natürlich nicht am täglichen Lauf- und Flugtraining teilnehmen. Marie legt eine Wärmflasche auf den Rentierbauch und kocht einen Fenchel-Kümmel-Tee. Besorgt streichelt sie dem Rentier über die Stirn.

„Hannes!“ Im Haus steht Amani mit einer Rolle Geschenkpapier und blickt sich um.

„Der schläft noch, glaube ich“, sagt Annika.

„Er hat seine Geschenke noch nicht fertig eingepackt“, ruft Amani wutschnaubend, stapft zu Hannes' Bett und rüttelt ihn wach. „Du – *schüttel* – musst – *rüttel* – jetzt – *klopf* – aufstehen!“, ruft sie und zieht ihm die Decke weg.

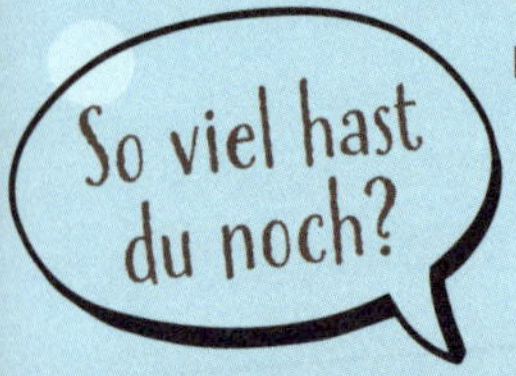

„Jaja“, antwortet er schlaftrunken, versichert ihr dann aber, gleich mit dem Einpacken der Reste zu beginnen. Kurz danach ist er an seinem Arbeitsplatz.

„So viel hast du noch?“, fragt Amani entsetzt, die gerade ihre letzten Geschenke einpackt.

„Ach, das wird schon.“ Und tatsächlich packt Hannes in Windeseile die Geschenke ein, sodass der Stapel neben ihm sehr schnell nur noch ganz klein ist.

Da klopft es an die Tür.

„Herr Adler ist da!“, ruft Mathis. „Ihr müsst los!“
Fünf Reisewichtel kommen angelaufen. Die anderen Wichtel finden sich ebenfalls ein, um sich zu verabschieden und eine gute Reise zu wünschen. Der Weihnachtsmann lächelt milde, während sie um seine Füße wuseln.
Doch – wo ist Hannes? Er ist nirgendwo zu finden!
„Dann muss er eben nachkommen. Ihr könnt Herrn Adler jetzt nicht noch länger aufhalten“, sagt der Weihnachtsmann. Alma, Anton, Jonne, Amani und Marie steigen bei Herrn Adler auf den Rücken. Die anderen Wichtel und der Weihnachtsmann winken ihnen nach, bis sie nur noch ein kleiner Punkt am Himmel sind.

KANNST DU HANNES FINDEN?

Lösung: Er liegt hinter dem kranken Rentier.

ANKUNFT IN ISLAND

9

„Da, guckt mal, das muss Island sein!“ Jonne hat die grüne Insel zuerst entdeckt, doch jetzt sehen sie auch die anderen. Raue Klippen ragen an der Küste ins Meer, Hügel und Berge erstrecken sich über das ganze Land – einige haben sogar weiße Spitzen!

„Am Strand ist wirklich schwarzer Sand, das hatten unsere Cousins doch erzählt“, stellt Anton fest.

„Ich bringe euch zum Seljalandsfoss“, sagt Herr Adler. „Dahinter liegt euer Treffpunkt.“

„Wohinter?“ Amani hat keine Ahnung, was der Adler meinen könnte.

„Das ist ein Wasserfall“, sagen Herr Adler und Alma wie aus einem Mund.

„Woher weißt du das denn?“, fragt Anton.

„Foss heißt Wasserfall“, erklärt ihm Alma. „Ich habe zwischen den Geschenken ein Isländischbuch gefunden und ein paar Vokabeln gelernt.“

Da sehen sie ihn. Und hören ihn. Rauschend fällt das Wasser von einem Felsvorsprung in die Tiefe. Man kann gut erkennen, dass es nicht allzu schwierig sein wird, hinter den Wasserfall zu gelangen, ohne nass zu werden.

Sanft landet Herr Adler in dem grünen Moos.

Die Wichtel bedanken sich überschwänglich bei ihm. Marie zaubert eine kleine Leckerei für ihn hervor. Dann machen die fünf sich auf zum Wasserfall. Und tatsächlich – ein Weg führt dahinter. Und da stehen sie: Stekki, Gili, Stuwi, Thwöri, Potti, Aski, Hurthi, Gaumi, Bjugi, Gluggi, Gauti, Kroki und Snieki. Das gibt ein großes Hallo! Alle fallen sich in die Arme. Bjugi hat Würstchen dabei und Gili einen Topf mit Milchschaum. So sitzen die achtzehn Wichtel schwatzend hinterm Wasserfall, bis sie sehr müde werden.

„Kommt, wir fahren los. Da hinten steht ein großer Jeep, da passen wir alle rein."

Gauti zeigt auf ein riesiges Auto mit großen Reifen. „Aber wir können doch nicht einfach bei den Menschen mitfahren", sagt Jonne besorgt. „Doch, in Island ist das kein Problem. Hier ist es nicht so schlimm, wenn uns jemand sieht."

Die Wichtel steigen hinten ins Auto, Hurthi knallt die Tür zu, und kurz danach fährt das Auto los. Die Reisewichtel schlafen sofort ein.

Sieh dir hinten im Buch die Namen der isländischen Wichtel an. Verstehst du, warum Bjugi und Gili gerade diesen Proviant dabei haben?

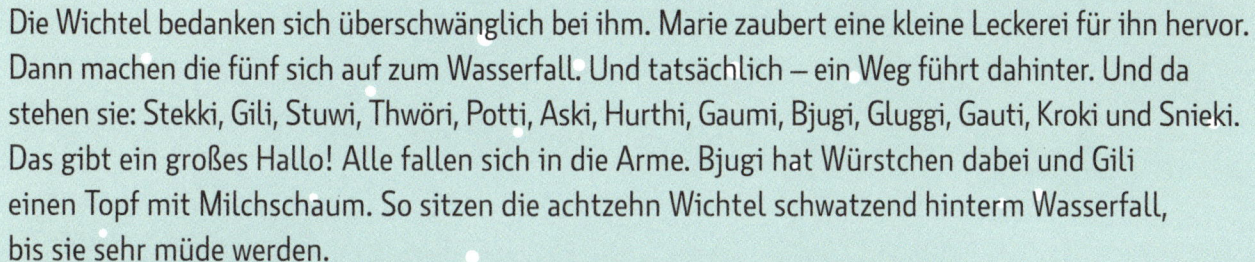

Lösung: Bjugi liebt geräucherte Würstchen,
Gili klaut gern den Milchschaum aus den Kannen.

WER WIEHERT DENN DA?
10

Am nächsten Morgen werden sie von einem Klappern wach. Wo sind sie? Ach ja, das Auto … Verschlafen reiben sie sich die Augen. Über- und untereinander liegen sie auf dem Rücksitz verteilt. Aber da ist es wieder – dieses komische Geräusch. Was ist das nur? Erstaunt reißen sie die Augen auf, als sie ein lautes Wiehern vernehmen. Vor der Autotür steht ein Islandpferd! Amani öffnet die Tür, und das Pferd klappert erfreut mit den Hufen und wiehert erneut.

Schnell erfahren sie, dass Kvartmíla ein ehemaliges Touristikpferd ist, das seinen Beruf an den Nagel gehängt hat. Ihr Name bedeutet Viertelmeile – so weit musste sie die Tourist*innen kreuz und quer in der Gegend herumtragen. Das schien ihr auf Dauer etwas sinnlos. „Die Jólasveinar haben gesagt, dass ich mich ein bisschen um euch kümmern soll, weil sie noch so viel zu tun haben. Morgen Nacht muss Stekki ja schon die Schuhe der Kinder befüllen.“ Ach ja, da war ja was. Die isländischen Wichtel – Jólasveinar auf Isländisch – arbeiten etwas anders als die Wichtel vom Weihnachtsmann.

Ab dem 12. Dezember finden die Kinder auf Island morgens kleine Geschenke vor – jeden Tag von einem anderen der 13 Wichtel. Also hat Stekki, der erste Wichtel, in der Nacht davor alle Hände voll zu tun.

„Brrr, ganz schön kalt ist es geworden!" Anton reibt sich die Hände.

„Ja, bald fängt es sicher an zu schneien. Aber ich weiß, wo ihr euch aufwärmen könnt!"

Die Wichtel steigen auf Kvartmílas Rücken, und das Pferdchen rennt los.

Mitten in der Natur hält es an. Kein Baum, kein Haus sind in Sicht, nur moosbedeckte Hügel, soweit das Auge reicht. Doch da … aus dem Boden steigt Qualm auf.

„Legt euch hier einfach hin, der Boden ist warm. Ich gehe nach da hinten, mir ist es zu heiß hier", sagt Kvartmíla und trottet davon.

Was befindet sich unter den Wichteln und wärmt den Boden angenehm? Eine heiße _ _ _ _ _ _ _

Lösung:
QU von Quadrat, E und L von
Regal, LE von Lehne –
eine heiße QUELLE.

OH, WER KOMMT DENN DA NOCH?
11

Am liebsten würden die fünf Wichtel den ganzen Tag auf den heißen Quellen liegen bleiben, aber es gibt ja noch so viel anderes zu entdecken! Außerdem wäre es nett, den Isländern ihre Hilfe anzubieten. Sie rufen Kvartmíla und reiten zur Werkstatt ihrer Cousins. Dort ist ordentlich was los – alle wuseln durcheinander, rufen und fuchteln herum.
„Mir fehlt eine Socke! Hat jemand so eine bunte Socke gesehen?", fragt Gili. Niemand hat sie gesehen, allerdings deuten ein paar herumliegende Wollknäuel darauf hin, dass sie noch gar nicht gestrickt wurde.

„Ich mache das", sagt Marie, die für ihr Leben gern strickt. „Bis wann habe ich Zeit?"
„Ich muss morgen Nacht los", antwortet Gili.
„Kein Problem!"
Auch die anderen helfen, wo sie nur können. Als am Abend alles für Stekkis Einsatz vorbereitet ist, springt die Tür auf, und Hannes steht davor.
„Hallo, da bin ich. War noch kurz mit den Rentieren beschäftigt. Comet hat noch immer Bauchweh. Aber die anderen kümmern sich, also bin ich abgereist."
Das gibt ein freudiges Wiedersehen. Die anderen erzählen von den heißen Quellen und stellen Hannes Kvartmíla vor, die draußen im Schnee liegt. Nanu, im Schnee?
Bei all den Vorbereitungen haben die Wichtel überhaupt nicht mitbekommen, dass es den ganzen Nachmittag über geschneit hat.

„Morgen gehen wir zum Gullfoss, der müsste inzwischen vereist sein“, sagt Snieki und wischt sich einen Kerzenrest aus dem Mundwinkel. Dass er gerne Kerzen nascht, werden die anderen nie verstehen. „Das ist ein …“ – Weiter kommt er nicht, denn die anderen stimmen ein: „… ein Wasserfall!“

Oh nein, die Wolle hat sich verheddert! Welcher Faden führt zum Wollknäuel?

Lösung:

12
SCHAFSAUSRITT

Am nächsten Morgen ist es kein Wiehern, sondern ein lautes Mähen, das die Wichtel aus ihrem Schlaf reißt. Kvartmíla hat ein paar Schafen Bescheid gesagt. Sie eignen sich hervorragend als Wichtelbusse, und kuschelig warm ist es auf ihrem Rücken auch!
Anton, Hannes, Alma, Jonne, Amani und Marie verteilen sich jeweils zu zweit auf die Schafe und sie traben los. Schon von weitem hören sie das Rauschen des Wasserfalls. An der Oberfläche ist er allerdings schon fast komplett zugefroren.
„Ist das hübsch", sagt Amani.
„Der Wasserfall heißt nicht umsonst Gullfoss", antwortet das Schaf unter ihr. „Gull heißt Gold, und so schön wie Gold ist er eben auch."
Die Wichtel rutschen von den Schafrücken und gehen den Weg am Wasserfall entlang.
Marie sieht sich immer wieder erfreut nach den Menschen um, die praktischerweise einen Trampelpfad in den inzwischen recht hohen Schnee gegangen haben.

„Ich liebe diese schönen Pullis mit den tollen Mustern", sagt sie versonnen. „Das möchte ich auch mal stricken."
„Die Pullis sind natürlich aus Schafwolle", blökt eins der Transportschafe. „Ich habe auch schon ganz viel Wolle dafür geliefert. Die Menschen in Island tragen diese Pullis sehr gern, denn sie sind warm und ein bisschen wasserabweisend. Unsere Wolle ist dafür perfekt."

Am Abend sind die Wichtel mit Stekki verabredet, der seine Geschenkerunde erfolgreich absolviert hat. Viele Kinder haben ihm Schafsmilch rausgestellt, die er besonders gern mag. Sein Bauch ist kugelrund und gluckert vernehmlich. Morgen früh ist Gili dran. Er freut sich sehr, als Marie ihm die fertig gestrickte Socke überreicht.

Die Socken sind nicht ganz gleich. Findest du die 10 Unterschiede?

Lösung:

AUF EINER FONTÄNE KANN MAN AUCH REITEN

13

„Was machen wir heute?“, fragt Amani und reckt sich.
„Jedenfalls nicht so früh aufstehen“, murmelt Hannes und dreht sich noch mal um. Er hatte sich mit Gili unterhalten, bis der mitten in der Nacht aufbrechen musste, um die isländischen Kinder zu beschenken. Hoffentlich haben ihm viele Milchschaum auf die Fensterbank gestellt!
Potti schlägt einen Besuch am Geysir vor. Darunter können sich die Besuchswichtel – jedenfalls die, die schon wach sind – gar nichts vorstellen.
„Da schießt alle paar Minuten ein Wasserstrahl in die Luft ...“, versucht Gauti zu erklären.
„Also wie ein Wasserfall, nur andersrum?“ Anton kratzt sich am Kopf.
„Naja, nicht so richtig. Wir gehen einfach hin!“

Nachdem auch Hannes endlich wach ist, machen sich die Wichtel auf den Weg. Einige ihrer isländischen Cousins kommen mit. Stuwi nicht, denn er packt schon seine Sachen – er muss in der nächsten Nacht Geschenke verteilen.
„Das macht so viel Spaß, ihr werdet sehen!“, rufen die Isländer und pfeifen ein paar Pferde herbei. Der Weg ist für die Schafe ein bisschen zu weit.

Die Wichtel sitzen zu mehreren auf den Pferderücken, aber entgegen ihrer Erwartungen werden sie gar nicht durchgeschüttelt. Verwundert spricht Alma Gluggi darauf an. „Die Pferde laufen im Tölt, das ist eine zusätzliche Gangart, typisch für Islandpferde“, erklärt er.

„Dabei bleibt der Körper ganz ruhig, nur die Beine bewegen sich.“ Faszinierend! Doch was sie erwartet, ist noch faszinierender. Gerade, als sie ankommen, schießt eine riesige Wasserfontäne in die Luft. „Da ist der Strokkur, der Geysir, zu dem wir wollen!“, ruft Kroki. „Wollt ihr auch mal rauf?“ „Wie rauf ...?“, fragt Jonne verwundert. „Warte kurz. Wenn die Fontäne vorbei ist, braucht der Geysir einen Augenblick. Dann sieht man, wie die Oberfläche des Wassers sich langsam wieder nach oben wölbt, bevor er ausbricht. Und dann muss man schnell ...“ – in dem Moment nimmt Kroki Anlauf und springt in die Mitte des Geysirs, der fast im selben Augenblick sein Wasser fast zwanzig Meter nach oben schießt. Über ihren Köpfen jauchzt Kroki. Das lassen sich auch die anderen Wichtel nicht entgehen! Der Strokkur schießt etwa alle fünf Minuten seine Fontäne in die Luft.

Wie lange dauert es, bis alle Wichtel einmal auf der Fontäne geritten sind? Neben den sechs Wichteln vom Weihnachtsmann sind Kroki, Gili, Potti, Gauti und Gluggi mitgekommen.

Lösung: Elf Wichtel mal fünf Minuten sind 55 Minuten. Aber da man in dem Moment anfängt zu rechnen, in dem Kroki auf den Geysir springt und vorher nicht fünf Minuten warten muss, sind es nur 50 Minuten.

BESUCH IN DER HAUPTSTADT

14

Viel Zeit haben die Wichtel sich am Geysir gelassen, denn einige haben sich sogar mehrfach in die Luft schießen lassen. An Schafe gekuschelt haben sie die Nacht verbracht. Marie unterhält sich am Morgen mit einem Schaf über Strickmuster, Wolldicke und ob man die Wolle für einen Islandpulli färben sollte oder nicht. Immerhin gibt es Schafe in Schwarz, Braun, Grau und Weiß, das ergibt ja auch schon viele Möglichkeiten für Muster. Tatsächlich waren die meisten Pullis, die sie bisher gesehen hat, aus naturbelassener Wolle.

„In Reykjavík gibt es einen Laden mit selbstgestrickten Islandpullis, da solltest du mal hingehen", schlägt Gaumi vor, der neben Marie geschlafen und einen Teil ihres Gesprächs mitbekommen hat. In die Stadt möchten auch die anderen Besuchswichtel gern mitkommen. Bisher waren sie nur auf dem Land unterwegs. Schon kurze Zeit später taucht ein Touristikbus auf, in den sie kurzerhand einsteigen.

Das Wasser
aus den
heißen Quellen
wird

Sie klettern in die Gepäcknetze und kommen wenig später in der Hauptstadt von Island an. Thwöri hat schon seinen Geschenkesack für den nächsten Tag dabei. Da Reykjavík nicht sehr groß ist, stehen sie bald vor dem Laden mit den Islandpullis. Marie tritt neugierig ein. So viele Pullis, alle unterschiedlich! Erstaunt sieht sie sich im Laden um und ist schon wenige Minuten später in ein Gespräch mit der Verkäuferin vertieft. Die anderen interessieren sich allerdings weniger fürs Stricken als Marie und gehen die Stadt erkunden. „Das ist komisch", sagt Anton, als sie ein kleines Stück zu Fuß gegangen sind. „Überall liegt Schnee, nur auf der Straße nicht." „Die Straßen sind ja auch beheizt", sagt Thwöri. Erstaunt sehen ihn die Wichtel vom Weihnachtsmann an. Doch die Lösung ist eigentlich ganz einfach.

Gehe die Straße entlang, sie verrät dir die Lösung.

unter den
Stra-
ßen
ent-
lang-
geleitet.

Das Wasser aus den heißen Quellen wird unter den Straßen entlanggeleitet.

15

SCHLECHTE NACHRICHTEN AUS DER HEIMAT

Reykjavík liegt direkt am Meer. Die Wichtel amüsieren sich über die Menschen, weil sie nicht mit Tieren sprechen können. Während Whale-Watching-Touren entscheiden die Tiere nach Lust und Laune, ob sie sich zeigen oder verstecken. Jonne entdeckt einen Schwarm wild zeternder Papageientaucher. Sie klingen ein bisschen wie lauter Kettensägen.

„Wo finden wir sie, wie finden wir sie?“, hört er sie brummen.

„Wen sucht ihr denn?“, fragt er in die aufgeregte Runde.

„Orrrr, guckt mal, das ist doch einer von denen!“, krächzt einer der Vögel.

„Arrr, hallo Jólasveinn“, sagt einer, der in der Mitte steht. „Ich habe eine Nachricht für euch. Dem Rentier Comet geht es noch immer nicht wieder gut, die anderen Wichtel lassen fragen, ob ihr ein Heilmittel habt.“

„Was, Comet ist noch immer krank?“ Hannes ist dazugetreten und sieht besorgt aus.

„Oh nein“, sagt auch Marie. „Haben sie ihm genug Tee gegeben?“

Hannes sieht sie entsetzt an. „Comet mag doch gar keinen Tee. Kein Wunder, dass ihm schlecht ist.“
Er wendet sich an die Papageientaucher. „Sie sollen ihm Flechten geben.“
„Wir nehmen von hier welche mit“, antwortet einer der Vögel und zupft an einem bemoosten Stein.
„Nein, kein Moos!“, ruft Marie.
„Das sieht nur aus wie Moos“, klärt sie Potti auf. „Aber ich muss jetzt los, den Unterschied erklärt euch bestimmt jemand anders.“

Sortiere die Silben zu einem sinnvollen Satz.

Lösung: Islandmoos ist eine Flechte. Das ist eine andere Pflanzenart als Moos und Rentiere mögen sie besonders gern.

BADESPASS IN DER BLAUEN LAGUNE

16

„Mir ist kalt, ich möchte mal wieder zu so einer heißen Quelle", sagt Marie, als die Wichtel am nächsten Morgen ihren Tag planen.

„Super Idee", sagt Aski, „ich liebe heiße Quellen. Lass uns zur Blauen Lagune fahren."

„Blaue Lagune? Ist das nicht in der Südsee?" Anton runzelt verwundert die Stirn.

„Wir haben auch eine, sie heißt Bláa Lónið", sagt Stuwi fröhlich. „Ich sage Kvartmíla und ein paar anderen Pferden Bescheid. Packt Handtücher ein!"

„Blaua Lounith", spricht Alma ihm nach. Gar nicht so einfach!

Schon reiten sie im Tölt durch die Landschaft. Irgendwann tauchen in der Ferne ein paar Schornsteine auf, und es qualmt gewaltig.

„Das ist der Wasserdampf", erklärt Hurthi.

Als Wichtel müssen sie keinen Eintritt bezahlen. Sie betreten das Gelände und stehen vor einem himmelblau schimmernden See mit Stegen und Brücken, umgeben von Bergen. Viele Menschen haben Salz ins Gesicht geschmiert, das aus dem Wasser gewonnen wird und in Eimern überall herumsteht.

„Danach ist die Haut ganz glatt", erklärt Gauti.

Begeistert schmiert Alma sich ein. Die anderen tun es ihr gleich. Die Wichtel lassen sich durch das Wasser treiben, das an manchen Stellen ganz schön heiß ist. Viele Stunden verbringen sie in dem Thermalbad und verlassen es nur, um zwischendurch etwas zu essen und zu trinken. Aski leckt wie gewohnt die Teller leer – und davon gibt es hier reichlich. Die Blaue Lagune ist bei Touristinnen und Touristen sehr beliebt.
„So, ich muss los", sagt er, als die Sonne längst untergegangen ist. „Wie gut, dass ich nicht so schnell satt bin. Bestimmt haben mir die Kinder auch noch ein paar Teller zum Abschlecken hingestellt." Die anderen verteilen sich auf die zahlreichen Liegen und schlafen sofort ein.

Die Teller sind von unten nach oben nach Farben sortiert. Welche Farbe sollte der nächste Teller haben?

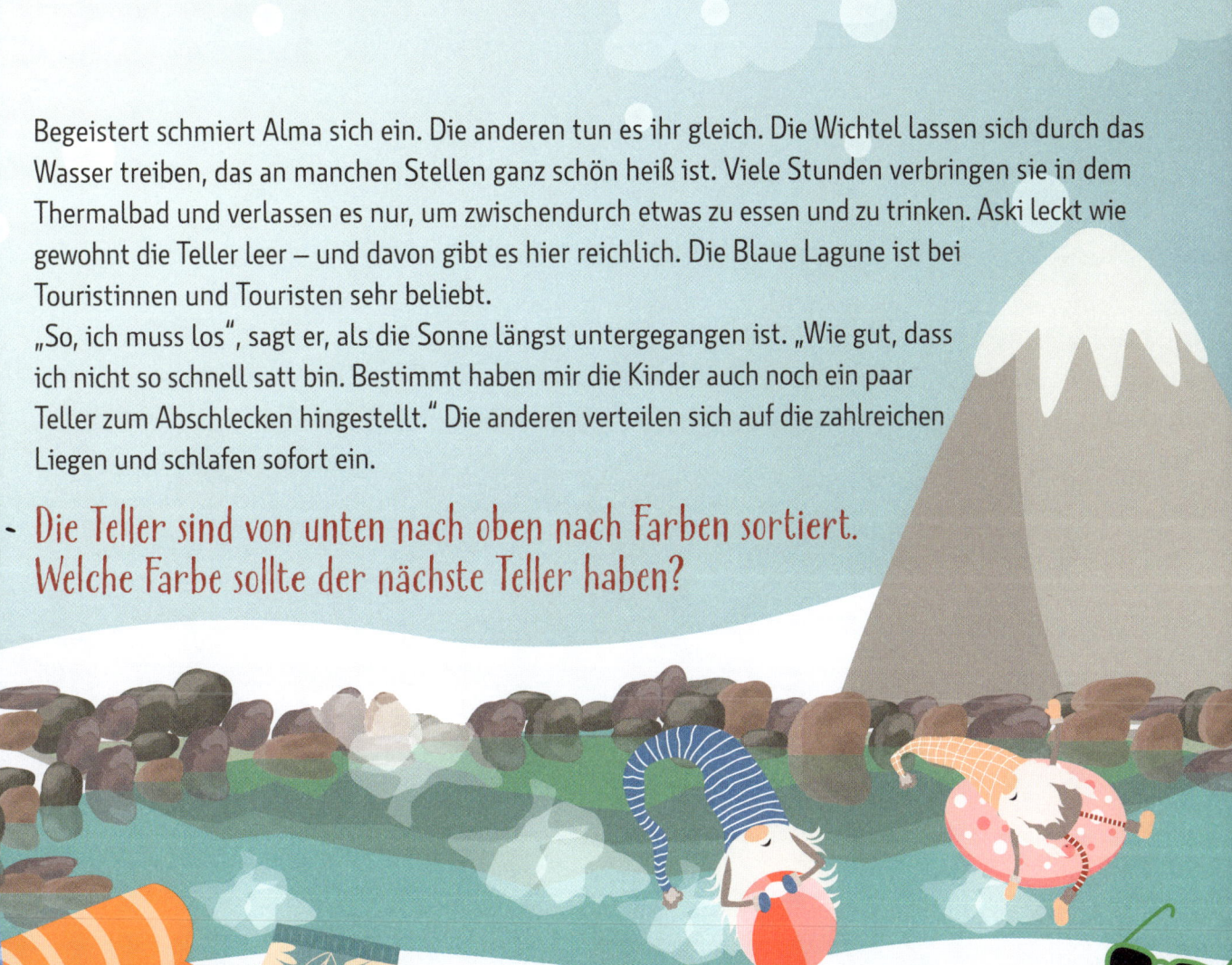

Lösung: Der nächste Teller sollte blau sein.

BESUCH VON EINEM ERDBEBEN?

17

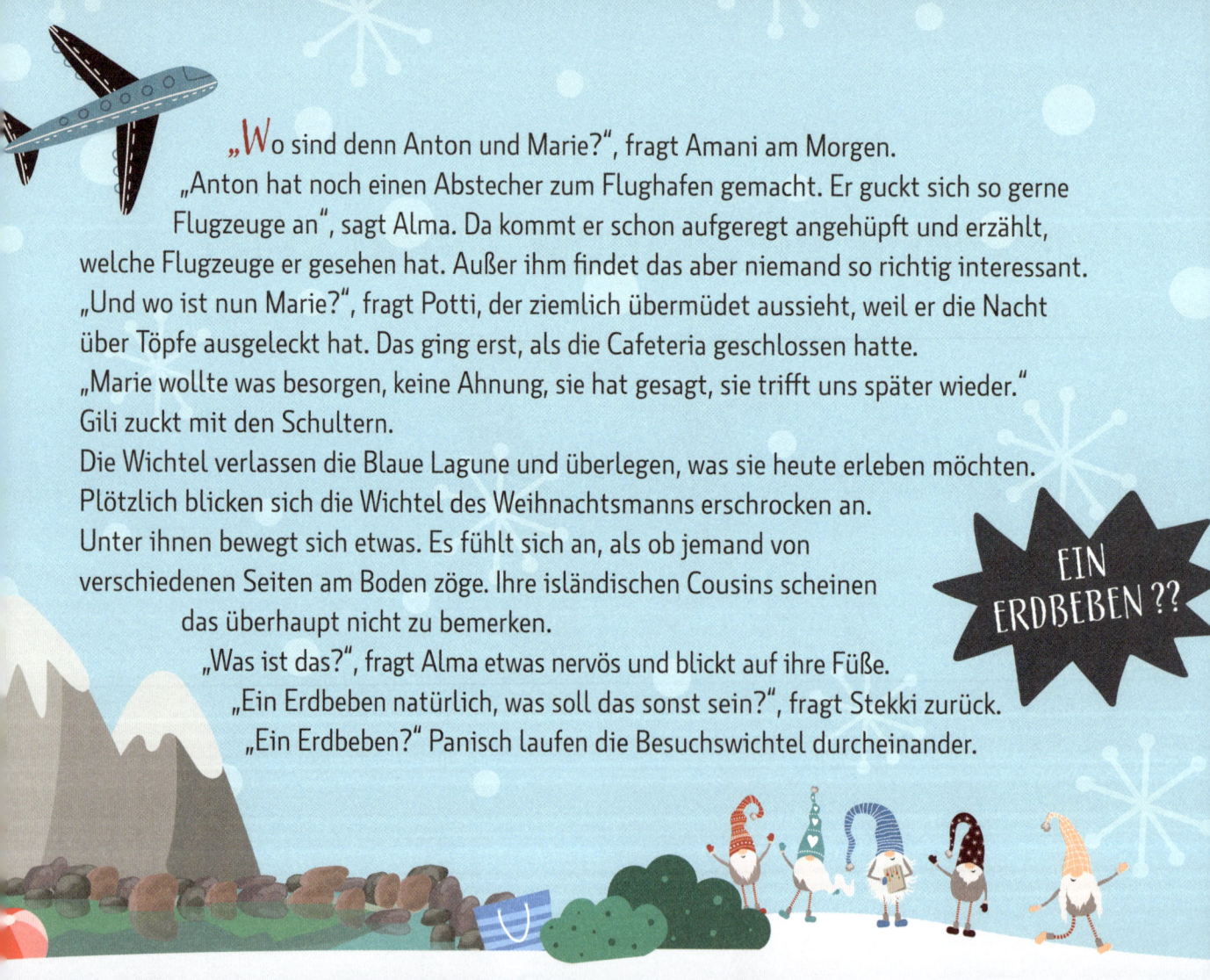

„Wo sind denn Anton und Marie?“, fragt Amani am Morgen.

„Anton hat noch einen Abstecher zum Flughafen gemacht. Er guckt sich so gerne Flugzeuge an“, sagt Alma. Da kommt er schon aufgeregt angehüpft und erzählt, welche Flugzeuge er gesehen hat. Außer ihm findet das aber niemand so richtig interessant.

„Und wo ist nun Marie?“, fragt Potti, der ziemlich übermüdet aussieht, weil er die Nacht über Töpfe ausgeleckt hat. Das ging erst, als die Cafeteria geschlossen hatte.

„Marie wollte was besorgen, keine Ahnung, sie hat gesagt, sie trifft uns später wieder.“ Gili zuckt mit den Schultern.

Die Wichtel verlassen die Blaue Lagune und überlegen, was sie heute erleben möchten.

Plötzlich blicken sich die Wichtel des Weihnachtsmanns erschrocken an.

Unter ihnen bewegt sich etwas. Es fühlt sich an, als ob jemand von verschiedenen Seiten am Boden zöge. Ihre isländischen Cousins scheinen das überhaupt nicht zu bemerken.

EIN ERDBEBEN ??

„Was ist das?“, fragt Alma etwas nervös und blickt auf ihre Füße.

„Ein Erdbeben natürlich, was soll das sonst sein?“, fragt Stekki zurück.

„Ein Erdbeben?“ Panisch laufen die Besuchswichtel durcheinander.

„Was sollen wir jetzt tun?“
„Nichts, das geht vorbei.“ Die Isländer erklären ihren Verwandten, dass Erdbeben auf Island oft vorkommen. Doch dann werden auch sie stutzig.
„Das ist noch was anderes“, sagt Thwöri. Die Isländer sehen sich mit großen Augen an und rufen dann zeitgleich: „MAMA!“
„TANTE GRÝLA?“, rufen die Wichtel des Weihnachtsmanns und reißen ebenfalls die Augen auf.
„Ich bin dann mal weg“, sagt Hurthi. „Ich habe meinen Geschenkesack noch nicht gepackt.“
Er pfeift ein Pferd herbei und reitet in schnellem Galopp davon.

Was für eine Art von Fabelwesen ist Grýla, die Mutter der isländischen Wichtel? Die Lösung findest du in den Anfangsbuchstaben.

Lösung: 1. Tisch, 2. Rakete,
3. Obst, 4. Löffel, 5. Lampe -
sie ist ein Troll.

HALLO, TANTE GRÝLA!

18

Eine laute Stimme ertönt. „HAB ICH EUCH ENDLICH!
WO TREIBT IHR EUCH NUR IMMER RUM? UND WER SIND DIESE KLEINEN LEUTE?“

UND WER SIND DIESE KLEINEN LEUTE?

Vor ihnen steht eine riesige Trollfrau. Sie ist die Mutter der isländischen Wichtel und nicht für ihre Freundlichkeit bekannt. Grimmig starrt sie die Wichtel des Weihnachtsmanns an. „WOLLT IHR MEINEN KINDERN DIE ARBEIT WEGNEHMEN?“
„Wir sind die Wichtel vom Weihnachtsmann und nur zu Besuch hier. Zu Weihnachten sind wir wieder weg“, erklärt ihr Hannes freundlich und furchtlos die Lage.
„WARUM HABT IHR MICH NICHT BESUCHT?“, ranzt die Trollin weiter.
„Wir machen Sightseeing mit ihnen, das weißt du doch. Jólakötturinn folgt uns doch die ganze Zeit“, sagt Stuwi.

„Wir werden verfolgt?“, fragt Alma entsetzt, doch niemand hat Zeit für Erklärungen. Die Isländer beschwichtigen ihre Mutter, die es nicht gern hat, dass ihre Söhne einfach Dinge unternehmen, ohne ihr Bescheid zu sagen. Schon im vorigen Jahr war sie nicht erfreut, als die Isländer beim Weihnachtsmann zu Besuch waren.

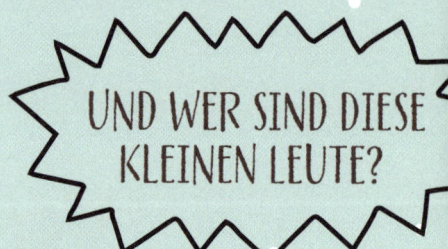

Sie lässt sich aber beschwichtigen, als die Wichtel vorschlagen, sie zu besuchen. Plötzlich strahlt sie übers ganze Gesicht.
„ICH HATTE NOCH NIE BESUCH!"
„Darüber wundert sich wohl niemand", murmelt Jonne, doch zum Glück hört sie ihn nicht. Die Trollfrau schnappt sich sämtliche Wichtel und trampelt zurück in die Berge.
Ihr Zuhause ist eine stickige Höhle. Dort sitzt auch der brummige Leppaluði*, der Vater der isländischen Wichtel.
Begeistert setzt Grýla ihnen stinkendes Essen vor.
„Kein Wunder, dass sie Töpfe ausschlecken und Löffel ablecken", sagt Anton leise zu Alma, die hinzufügt:
„Kein Wunder, dass sie lieber draußen unterwegs sind."
Gaumi hat sie gehört. Er zwinkert ihnen zu und verschwindet unauffällig.

Rätsel: Wer ist den Wichteln die ganze Zeit gefolgt? Sieh dir die Bilder noch einmal genau an!

*Den Namen spricht man LEPpaluhthi aus. Hinten im Buch findest du eine Tabelle mit allen isländischen Namen und Begriffen.

Lösung: Jólakötturinn, die Weihnachts-
katze, spioniert für Grýla.

FÜR WICHTEL GELTEN ANDERE REGELN

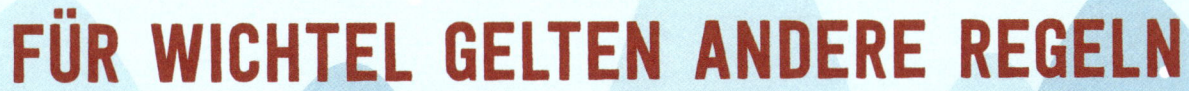

19

Erst spät am Abend waren Grýla und Leppaluði eingeschlafen, und die Wichtel konnten sich wieder davonschleichen. Als sie in die Nacht treten, leuchtet der Himmel merkwürdig. Grüne Lichtstreifen schlängeln sich über das Firmament.

„Was ist das?", fragt Jonne überwältigt.

„Polarlichter", antwortet Stuwi.

Die Wichtel des Weihnachtsmanns sehen sich das Schauspiel lange an, doch irgendwann sind sie zu müde.

Sie übernachten in einem Stall. Am nächsten Morgen haben alle großen Hunger, denn das Essen bei der Trollmutter war nicht genießbar. Sie schleichen sich in die Speisekammer des Bauernhofs, der zum Stall gehört.

„Das ist doch Diebstahl", sagt Amani besorgt, als die anderen sich gierig umsehen.

„Nein, das ist okay", beruhigt sie Thwöri und leckt einen Löffel ab.

„Für Wichtel gelten auf Island andere Regeln als für Menschen. Ebenso für Elfen, Zwerge und Gnome. Wir dürfen uns bei den Menschen ab und zu was zu essen mitnehmen, solange wir sie nicht ausplündern" – dabei wirft er Stekki einen scharfen Blick zu. Stekki setzt den Milchtopf ab, den er gerade austrinken wollte.

„Wohnen die Elfen auch in solchen Höhlen wie ihr?", fragt Amani.

„Nein", sagt Potti. „Sie wohnen in Steinen und Hügeln oder in kleinen Häusern, die die Menschen ihnen bauen. Man sieht sie selten, nur Heiligabend sind sie meistens unterwegs. Und Mittsommer feiern wir eigentlich immer alle zusammen." „Apropos unterwegs", sagt Bjugi. „Ich muss heute Nacht los. Ich freue mich schon auf die Würstchen, die ich immer bekomme. Letztes Jahr war ich am Ende der Nacht so satt, dass ich die letzten nicht mehr essen konnte." „Das könnte mir ja nicht passieren", sagt Hannes. „Dann komm doch mit", schlägt Bjugi vor.

Die übernatürlichen Wesen in Island heißen „verborgene Völker". Finde den Weg durch das Labyrinth und sammel die Buchstaben ein. Dann weißt du, wie der isländische Begriff lautet.

Lösung: Huldufólk

COMET IST WIEDER GESUND!

20

Während Hannes und Bjugi vollgefuttert den Schlaf der letzten Nacht nachholen, lässt sich Alma von Hurthi Isländischvokabeln abfragen. Es ist ganz gut, Hurthi mit Dingen beschäftigt zu halten, weil er sonst unruhig wird und permanent mit den Türen knallt.
Inzwischen ist Marie wieder bei ihnen aufgetaucht, bis an die Zipfelmütze bepackt mit Wolle. Nun sitzt sie in einer Ecke und strickt, ribbelt auf, fängt wieder an, murmelt vor sich hin, ruft „ach so!" und strickt weiter. Seit Stunden hört man die Stricknadeln klappern.
„Woher weißt du denn jetzt, wie die Muster gehen?", fragt Jonne sie.
„Ich habe den ganzen Tag mit einer alten Frau verbracht, die Pullover für den Laden strickt, die hat mir alles ganz genau gezeigt und erklärt. Die Pullis werden nämlich in einem Stück gestrickt, von oben nach unten, das habe ich noch nie gemacht. Aber es sieht doch schon ganz gut aus!"
Sie hält ein unförmiges gestricktes Ding vor sich. Anscheinend kann sie sich das Ergebnis besser vorstellen als die anderen, die nur zustimmend murmeln.
Gluggi späht aus dem Fenster. „Ich muss jetzt los. Aber da hinten kommt ein Lundi, der scheint hierher zu wollen."

„Ein was?“, fragt Anton.
„Ein Papageientaucher“, antworten Hurthi und Alma gleichzeitig.
In dem Moment klopft es schon an der Scheibe.
Gluggi öffnet das Fenster.
„Hallo, ich habe Nachricht vom Weihnachtsmann, Comet geht es wieder besser.
Aber die anderen Rentiere möchten jetzt auch was vom guten Islandmoos,
ich bringe gleich noch ein paar Portionen rüber.“
Puh, das sind aber gute Neuigkeiten! Denn für den schweren Schlitten
werden wirklich alle neun Rentiere benötigt.

Alle Islandpullis sehen ein bisschen unterschiedlich aus. Nur zwei sind ganz genau gleich. Kannst du sie finden?

Lösung:

EISIGER SPASS

21

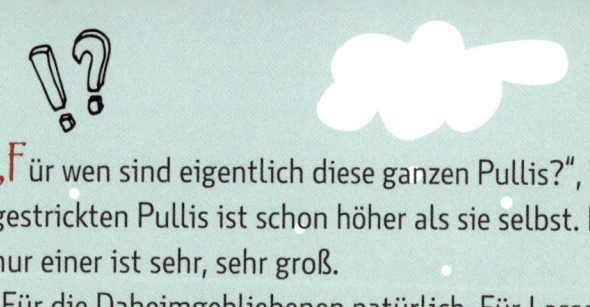

„Für wen sind eigentlich diese ganzen Pullis?“, fragt Amani. Der Haufen mit den von Marie gestrickten Pullis ist schon höher als sie selbst. Die meisten sind recht klein, nur einer ist sehr, sehr groß.

„Für die Daheimgebliebenen natürlich. Für Lasse, Emma, Matti, Paula, Jakob, Mathis, Michel, Henri, Monty, Phibie, Agnes, Annika, Ricarda, Johannes, Jaspar … na, ihr wisst schon. Und für den Weihnachtsmann." „Oh, das ist aber nett von dir!“

„Ja, aber jetzt reicht es mir auch. Ich möchte gern noch was erleben. Hast du eine Idee?“, fragt Marie Gaumi, der gerade einen Skyrbecher auslöffelt.

„Hmnomhmjametfer“, antwortet der.

„Was, bitte?“ Gaumi schluckt laut vernehmlich. „Ja, Gletscher.“

„Au ja!“, rufen alle begeistert.

Gauti hat noch letzte Vorbereitungen für seine Tour in der folgenden Nacht zu erledigen und kommt nicht mit. Er tröstet sich damit, dass er ja noch öfter auf Gletscher klettern kann. Schnell sind ein paar Pferde gefunden, und auf geht der Ritt zum Gletscher.
Eine riesige weiße Fläche erstreckt sich vor ihnen.
Hui, wie man da schlittern kann! Die Wichtel purzeln munter durcheinander, rutschen die glatte Fläche hinab und jubeln wild. „Und jetzt gehen wir rein“, sagt Potti schließlich. Zum Erstaunen der Besuchswichtel gibt es tatsächlich eine Höhle im Innern, die in verschiedenen Farben leuchtet. Ergriffen sehen sich alle um.

Wie heißt der Gletscher, auf und in dem die Wichtel unterwegs sind? Wenn du von rechts nach links liest, findest du die Antwort.

Lösung: Der Gletscher heißt Langjökull.
Das spricht man LAUNGjökütl, und es heißt langer Gletscher.

ALMA HAT GROSSE NEUIGKEITEN

22

Am Morgen klagt die Wichtelrunde über Muskelkater. So anstrengend war das gestern auf dem Gletscher!
„Heute müssen wir packen, morgen gehts wieder zurück“, sagt Jonne und streckt seine Gliedmaßen.
„Wir müssen nichts packen, wir hatten doch gar nichts dabei“, sagt Hannes verwundert.
„Hast du keine Souvenirs gekauft?“, fragt Amani erstaunt. Neben ihr türmen sich Lakritztüten, Ansichtskarten, Kühlschrankmagnete und diverse andere Kleinigkeiten.
Auch die anderen haben ein paar Dinge gekauft, nur Alma nicht. Sie ist überhaupt so merkwürdig still heute. Normalerweise ist sie doch oft diejenige, die die anderen antreibt.
„Hast du auch was gekauft, Alma?“, fragt Stekki.
„Nö“, antwortet sie kurz angebunden. „Brauch ich nicht. Das eilt ja nicht.“
Was hat das nur zu bedeuten?
Alma sieht die anderen an und sagt: „Ich bleibe hier. Es gibt hier reichlich Stellenangebote für Wichtel. Ich habe die Zeitung für das Huldufólk genau gelesen.
Ich muss nur noch ein bisschen besser Isländisch lernen, dann finde ich hier problemlos Arbeit. Ich habe dem Weihnachtsmann schon meine Kündigung geschickt.“
Nun sind wirklich alle baff. Anton fasst sich als Erster wieder.

Er tritt auf sie zu, umarmt sie und sagt: „Ich komme dich ganz oft besuchen! Du uns aber bitte auch!“
„Ja, logisch“, sagt Alma.

Die isländischen Wichtel tanzen um sie herum und freuen sich. „Hurra, hurra, Alma bleibt da!“, rufen sie. Kroki winkt ihr noch begeistert zu, dann macht er sich auf, um seine Geschenke zu verteilen. In dem Moment kommt ein aufgebrachtes Tier angelaufen.

Was haben die Wichtel in Island alles gesehen? Löse das Rätsel. Bringe die farbig unterlegten Buchstaben in die richtige Reihenfolge und erfahre, welches Tier so aufgebracht ist.

Lösung:
Wasserfall
Gletscher
Geysir
Blaue Lagune
Papageientaucher

Lösungswort: Schaf

NICHT NUR RENTIERE KÖNNEN SCHLITTEN ZIEHEN

23

„Mäh!", blökt das Schaf aufgeregt. „Määäh!"
„Jetzt beruhige dich erst mal." Gili krault ihm sanft das Fell.
„Comet ist wieder gesund", blökt das Schaf.
„Ja, das wissen wir, das ist doch toll!", sagt Marie.
„Ja, aber Donner hat sich ein Bein gebrochen!"
„WAS?" Die Wichtel des Weihnachtsmanns stehen wie versteinert da.
Ohne Rentiere kein Weihnachten. Was sollen sie tun?
Kvartmíla, die in ihrer Nähe grast, kommt angetrabt. „Was ist los?
Ein Rentier hat sich das Bein gebrochen? Das gibt es doch gar nicht, was für ein Pech!
Kann nicht jemand anderes einspringen?"
Alle Blicke gehen zu Kvartmíla. Mit großen Augen sieht sie sich um.
„Was, ich?", wiehert sie. „Nein, das geht nicht. Ich bin hier zu Hause."
„Es wäre ja nur für Heiligabend", sagt Hannes beschwichtigend.
Aber auch die isländischen Wichtel schütteln den Kopf.
„Wenn ein Islandpferd Island einmal verlassen hat, darf es nicht zurück", erklärt Snieki.
Er packt gerade seinen Sack für die heutige Geschenkeverteiltour.

„Und ich möchte in Island wohnen bleiben“, sagt Kvartmíla.
„Herrje, kann denn sonst niemand einspringen?“
Die Wichtelcousins und -cousinen sehen sich gegenseitig ratlos an.
„Was ist mit Anouk?“, fragt Anton.
Anouk ist eine Huskyhündin, die auf dem Hof des Weihnachtsmanns wohnt. Aber ob sie die Aufgabe übernehmen möchte?
„Das macht sie bestimmt“, sagt Jonne. „Sie zieht den Schlitten doch auch oft, wenn wir einkaufen gehen.“
„Puh, dann wäre Weihnachten ja für dieses Jahr gerettet“, sagt Snieki. Anschließend verabschiedet er sich von seinen Verwandten, denn er muss los. Doch auch für die Wichtel des Weihnachtsmanns heißt es nun endgültig Abschied nehmen. Herr Wal hat sich bereit erklärt, sie zurückzubringen.

Das Warten auf Herrn Wal vertreiben sich die Wichtel mit einem Streichholzrätsel. Ein Streichholz muss umgelegt werden, damit die Rechnung stimmt. Welches?

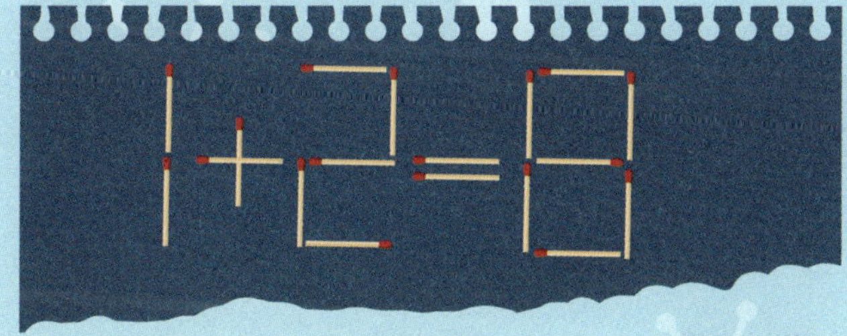

Lösung: 7+2=9

DAS GROSSE WIEDERSEHEN

24

Das gibt vielleicht ein großes Hallo, als die weitgereisten Wichtel wieder im Haus des Weihnachtsmanns eintreffen. Der Weihnachtsmann schlägt die Hände über dem Kopf zusammen, als er das Chaos sieht, das sie verbreiten. Überall liegen ihre Mitbringsel herum, Pullis, Schokolade, Bilder … und dazwischen die Geschenke für die Kinder, die noch auf den Schlitten geladen werden müssen. Einige Wichtel ziehen sich gerade die neuen Pullis über und stolpern dabei über die Schachteln und Tüten.

„Ruhe!“, ruft er in die sich umarmende Menge hinein. „So funktioniert das nicht! Begrüßt euch im Schlafsaal und packt eure Mitbringsel in die Küche. Schön, dass ihr wieder da seid! Ich hoffe, ihr hattet Spaß. Hier ist es leider ganz furchtbar – ihr habt ja sicher von Donners Bein gehört.“

„Ja, und wir haben auch eine Lösung!“, antwortet Amani aus dem Schlafsaal.

„Anouk macht das“, rufen alle zurückgekehrten Wichtel gleichzeitig.

„Genau, ich mache das“, bellt Anouk begeistert, die gerade durch die Tür kommt.

Der Weihnachtsmann sieht sich erstaunt um.

Natürlich, dass er da nicht selbst drauf gekommen ist!

Noch erstaunter ist er aber, als er den Islandpulli von Marie in den Händen hält.

„Ein Geschenk? Für mich?“, stammelt er. Er ist vollkommen überwältigt.

Noch nie hat er ein Geschenk bekommen. Es fühlt sich sehr gut an. „Und Alma bleibt jetzt einfach in Island wohnen?“, fragt Monty.

„Ja, aber sie kommt auch mal zu Besuch, sagt sie“, erklärt Anton.
Alle werden sie vermissen, aber bestimmt wird auch sie oft Besuch bekommen. Jetzt, wo die Wichtel gelernt haben, wie das mit dem Verreisen geht, werden sie sicher öfter unterwegs sein.
„Hallooohooo!“, hören sie da eine Stimme.

Setze das Puzzle zusammen, um zu erfahren, wer das ist.

FINE!!

Ja, richtig, Fine ist wieder aus Neuseeland zurückgekehrt. Der Weihnachtsmann hatte eigentlich mit ihr schimpfen wollen, aber es hat ja auch ohne sie alles wunderbar geklappt, und irgendwie ist es auch schön, wenn seine Wichtel mal was erleben. Sie werden wohl auch ohne Alma auskommen.

„Weihnachtsmann, ich muss mit dir reden“, sagt Marie und zieht ihn aus der Traube weg, die sich um Fine gebildet hat. „Das Häuschen nebenan steht doch leer. Ich möchte dort … “

hello
FINE
WOLL
EINEN
LADEN
ÖFFNEN
ER

Sortiere die Zettel und erfahre, was Marie vorhat.

„Keine Sorge, ich kann meine Aufgaben hier trotzdem übernehmen“, beschwichtigt sie ihn sogleich. „Aber ich habe große Lust auf so einen Laden. Strickkurse möchte ich dort auch anbieten. Er soll ‚Wolle & Wunder‘ heißen.“
So eine Überraschung! Das erklärt auch, warum sie so einen großen Sack mit Wolle aus Island mitgebracht hat. Gleich nach Weihnachten möchte sie anfangen, Regale zu bauen und die Wolle einzusortieren. Die anderen Wichtel haben versprochen, ihr zu helfen.
Auch Donner ist fleißig dabei, denn auf seinem Geweih lässt sich die Wolle hervorragend nach Farben sortieren.

Wenn du also mal vor einem Wollladen stehst, ist es vielleicht der von Marie. Und ganz vielleicht wohnt nebendran der Weihnachtsmann.

Liste der isländischen Wichtel

SPITZNAME	NAME	AUSSPRACHE	VORLIEBE
Stekki	Stekkjastaur	STEHCKjastöir	trinkt die Schafsmilch
Gili	Giljagaur	GILjagöir	mopst den Milchschaum
Stuwi	Stúfur	STUwür	liebt angebrannte Pfannenreste
Thwöri	Þvörusleikir	THWÖrüslejkir	leckt die Kochlöffel ab
Potti	Pottaskefill	POHTtaskewitl	leckt die Töpfe aus
Aski	Askaleikir	ASkaslejkir	isst die Teller leer
Hurthi	Hur askellir	HÜRthasketlir	knallt die Türen
Gaumi	Skyrgámur	SKIERgaumür	liebt Skyr und Quark
Bjugi	Bjúgnakrækir	BJUKnakreikir	liebt geräucherte Würstchen
Gluggi	Gluggagægir	GLUKkageigir	guckt durchs Fenster in die Häuser
Gauti	Gáttaþefur	GAUHtathewür	schnuppert durch den Türspalt
Kroki	Ketkrókur	KÄTkroukür	liebt Fleisch
Snieki	Kertasníkir	KERtasniekir	liebt Kerzen

Liste der isländischen Begriffe

Bláa Lónið	BLAUa LOUnith	die Blaue Lagune
Grýla	GRIEla	die Trollmutter der isländischen Wichtel
Gullfoss	GUTLfoss	goldener Wasserfall
Huldufólk	HÜLdüfoulk	verborgene Völker
Jólakötturinn	JOUlakötürin	die Weihnachtskatze
Langjökull	LAUNGjökütl	langer Gletscher
Leppalúði	LEPpaluhthi	der Trollvater der isländischen Wichtel
Lundi	LÜNdi	Papageientaucher
Seljalandsfoss	SELLjalandsfoss	Wasserfall von Seljaland
Strokkur	STROKkur	ein Geysir

Impressum

Text und Rätsel: Gesa Louise Füßle

Bildnachweis: Cover: Anura_dsgn / Shutterstock.com
Inhalt: www.shutterstock.com: YZm, Katsiaryna Daniel, mayalis, Nursery Art Design, Tartila, Vodoleyka, Amahce, Oceloti, NotionPic, Designer things, Emilia Ennessy, Bezruk, Sylvie Design, Myroshnichenko Violetta, Yorrico, Elsy Studio, Net Vector, Ramcreative, MIKHAIL GRACHIKOV, delcarmat, Tiplyashina Evgeniya, Macrovector, Gluiki, SofiaV, AlyonaZhitnaya, chung yu jung, illusionix, BNP Design Studio, danceyourlife, olly2polly, NeutronStar8, Alfmaler, N.Petrosyan, Olena Dumanchuk, Buch and Bee, Goryacheva_Maria, HappyPictures, Anait, Rimma R, flyinggiraffe, AnnstasAg, Vector Tradition, Lucky Graphic, Borodacheva Marina, Amahce, GoodStudio, klyaksun, Ulyana Mo, Anura_dsgn, Anna Bova, Vasilyeva Larisa, Anastasia Boiko, Nsit, Rina Antipina, Karelkart, YarynaBo, NotionPic, Spreadthesign, White Space Illustrations, denisik11, Ollie The Designer, ANDRIY B, Keronn art, M. Nuch Toyib, ZHUKO, summer studio, June_Yap, Natasha Markina, Natalllenka.m, Vector FX, Olga Rai, Nataliia Pyzhova, Neliakott, grmarc, Kikinunchi, Tartila, Madiwaso, Valeriya_Dor, MG Drachal, Blackspring

MIX
Papier aus verantwortungsvollen Quellen
FSC
www.fsc.org
FSC® C018236

Gestaltung Cover: Grafisches Atelier arsEdition GmbH
Innenlayout: Franziska Misselwitz
ISBN 978-3-8458-5737-4
www.arsedition.de